Visita nuestro sitio www.av2books.com
e ingresa el código único del libro.
Go to www.av2books.com, and enter this book's unique code.

CÓDIGO DEL LIBRO
BOOK CODE

AVC59936

AV² de Weigl te ofrece enriquecidos libros electrónicos que favorecen el aprendizaje activo.
AV² by Weigl brings you media enhanced books that support active learning.

El enriquecido libro electrónico AV² te ofrece una experiencia bilingüe completa entre el inglés y el español para aprender el vocabulario de los dos idiomas.

This AV² media enhanced book gives you a fully bilingual experience between English and Spanish to learn the vocabulary of both languages.

Spanish   **English**

Navegación bilingüe AV²
AV² Bilingual Navigation

Copyright ©2020 AV² de Weigl. Library of Congress Cataloging-in-Publication Data se encuentra en la página 24.
Copyright ©2020 AV² by Weigl. Library of Congress Cataloging-in-Publication Data is located on page 24.

Conoce a mi mascota

El conejo

En este libro, aprenderás

cómo es

qué come

qué hace

cómo cuidarlo

¡y mucho más!

Quiero tener un conejo de mascota.

Debo aprender cómo cuidarlo.

5

Hay muchos tipos de conejos para elegir como mascota.

Los conejos pueden tener pelo marrón, negro o blanco.

Una parte de Gainesville, Georgia, se conoce como la "Ciudad de los conejos".

Mi conejo tendrá que vivir en una conejera.

Le cambiaré su cama de heno varias veces por semana.

Mi conejo necesitará masticar cosas que no le hagan daño.

Masticar madera lo ayuda a mantener los dientes sanos.

Los dientes delanteros del conejo nunca dejan de crecer.

A los conejos les gusta comer heno y vegetales.

Alimentaré a mi conejo una o dos veces al día.

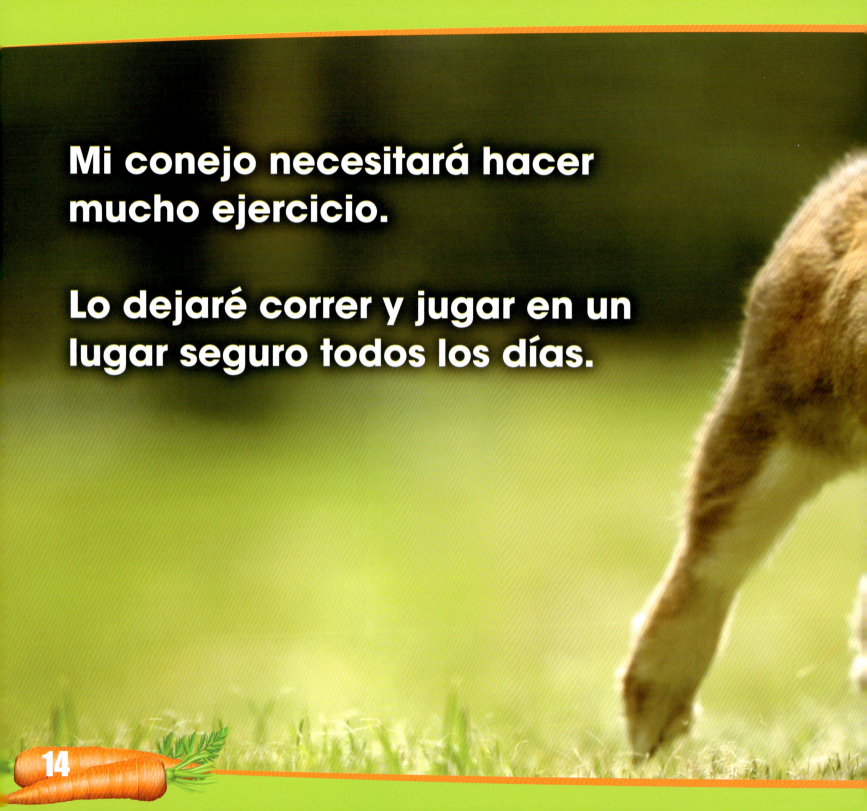

Mi conejo necesitará hacer mucho ejercicio.

Lo dejaré correr y jugar en un lugar seguro todos los días.

Los conejos pueden saltar hasta 3 pies de altura.

Mi conejo necesitará ayuda para mantener su pelo limpio.

Lo cepillaré suavemente de la cabeza a la cola.

Los conejos duermen unas 11 horas por día.

Tendré cuidado de no despertarlo mientras duerme.

A veces, los conejos duermen con los ojos abiertos.

Estoy lista para llevar a mi conejo a casa.

Lo cuidaré mucho.

DATOS SOBRE LOS CONEJOS

Estas páginas ofrecen información detallada sobre los interesantes datos de este libro. Están dirigidas a los adultos, como soporte, para que ayuden a los jóvenes lectores a redondear sus conocimientos sobre cada sorprendente animal presentado en la serie *Conoce a mi mascota*.

Páginas 4–5

Quiero tener un conejo de mascota. La gente ha tenido conejos como mascotas desde el 1800. Los conejos son muy buenas mascotas porque son limpios, inteligentes y silenciosos. También pueden aprender a llevarse bien con otras mascotas, como perros y gatos. Los conejos son famosos por sus orejas largas, que lo ayudan a regular la temperatura corporal. Los conejos mascotas pueden llegar a vivir más de 10 años. Hay más de 3 millones de conejos mascotas en los Estados Unidos.

Páginas 6–7

Hay muchos tipos de conejos para elegir como mascota. Existen más de 60 razas de conejos domésticos. Su tamaño va desde las 2 hasta las 13 libras (1 a 6 kilogramos). Antes de elegir al conejo, es importante averiguar las necesidades y temperamentos de cada raza para saber cuál es mejor para tu familia. Mientras que el conejo enano holandés no es recomendable para los niños pequeños, al conejo alemán le encanta que lo abracen y acaricien.

Páginas 8–9

Mi conejo tendrá que vivir en una conejera. Aunque muchos prefieren tener a sus conejos en jaulas adentro de la casa, otros los alojan en conejeras de madera afuera. Las conejeras de madera deben ser herméticas y aisladas para proteger a los conejos de las condiciones climáticas. Viva adentro o afuera, su casa debe ser, como mínimo, cinco veces más grande que el conejo. El piso de la jaula debe ser de material sólido y estar cubierto por paja, heno o virutas de álamo.

Páginas 10–11

Mi conejo necesitará masticar cosas que no le hagan daño. Los conejos tienen 6 incisivos, o dientes delanteros, y 22 molares. Sus incisivos crecen unas 5 pulgadas (13 centímetros) por año. Los conejos necesitan masticar cosas y mantener sus dientes controlados royendo juguetes de madera y heno de fleo. Si se les permite andar sueltos por la casa, los conejos deben ser controlados de cerca. Ten cuidado de que no se acerque a los cables eléctricos, las plantas de interior y objetos pequeños que se pueda tragar.

Páginas 12–13

A los conejos les gusta comer heno y vegetales. Los conejos son herbívoros, es decir, solo comen materia vegetal. Comen heno, alimento en grano para conejos y hojas de verdura fresca. El heno es importante en la dieta del conejo porque lo ayuda con la digestión. Aunque en los libros y en la televisión se los suele mostrar comiendo zanahorias, éstas tienen demasiado almidón para ser la base de su dieta. El veterinario te ayudará a saber cuál es la dieta ideal para tu conejo en particular.

Páginas 14–15

Mi conejo necesitará hacer mucho ejercicio. Los conejos necesitan entre dos y tres horas de ejercicio diario fuera de sus jaulas. Tienen patas traseras muy fuertes que usan para correr y saltar. Pueden llegar a correr a 35 millas por hora (56 kilómetros por hora) en tramos cortos. Cuando están contentos, los conejos pueden dar saltos torciendo la cabeza y el cuerpo en sentido contrario.

Páginas 16–17

Mi conejo necesitará ayuda para mantener su pelo limpio. Los conejos se acicalan solos como los gatos y no es necesario bañarlos. Bañar a un conejo puede ser muy malo para su salud. Si su conejo tiene pelo largo, habrá que cepillarlo con mayor frecuencia para evitar que se le enrede. Así también impedirá que se le formen bolas de pelo. Esto ocurre cuando el conejo traga demasiado pelo al acicalarse. También se les debe limpiar las orejas y cortar las uñas regularmente.

Páginas 18–19

Los conejos duermen unas 11 horas por día. Los conejos son más activos al anochecer y al amanecer y suelen dormir la mayor parte del día y la noche. Por eso, es importante colocar una caja de cartón u otro refugio pequeño en su jaula para que se esconda o duerma. Como los conejos se asustan fácilmente, lo mejor es colocar su jaula o conejera lejos de los ruidos fuertes y actividades ruidosas.

Páginas 20–21

Estoy lista para llevar a mi conejo a casa. Los conejos pueden comprarse en una tienda de mascotas o adoptarse en un refugio para animales. Ten cuidado de no abrazar a tu conejo muy seguido porque puedes enfermarlo. Observa cambios en su comportamiento y aspecto, ya que estos cambios pueden indicar que algo anda mal. En general, los conejos deben ser controlados por un veterinario una vez al año, incluso cuando están sanos.

¡Visita www.av2books.com para disfrutar de tu libro interactivo de inglés y español!

Check out www.av2books.com for your interactive English and Spanish ebook!

1 Entra en www.av2books.com
Go to www.av2books.com

2 Ingresa tu código
Enter book code

A V C 5 9 9 3 6

3 ¡Alimenta tu imaginación en línea!
Fuel your imagination online!

www.av2books.com

Published by AV² by Weigl
350 5th Avenue, 59th Floor New York, NY 10118
Website: www.av2books.com

Copyright ©2020 AV² by Weigl

All rights reserved. No part of this publication may be reproduced, stored in a retrieval system, or transmitted in any form or by any means, electronic, mechanical, photocopying, recording, or otherwise, without the prior written permission of the publisher.

Library of Congress Control Number: 2019936065

ISBN 978-1-7911-1026-0 (hardcover)
ISBN 978-1-7911-1028-4 (multi-user eBook)

Printed in Guangzhou, China
1 2 3 4 5 6 7 8 9 0 23 22 21 20 19

032019
111918

Spanish Project Coordinator: Sara Cucini
Spanish Editor: Translation Cloud LLC
English Project Coordinator: Jared Siemens
Designer: Terry Paulhus

Every reasonable effort has been made to trace ownership and to obtain permission to reprint copyright material. The publisher would be pleased to have any errors or omissions brought to its attention so that they may be corrected in subsequent printings.

The publisher acknowledges Alamy and iStock as its primary image suppliers for this title.